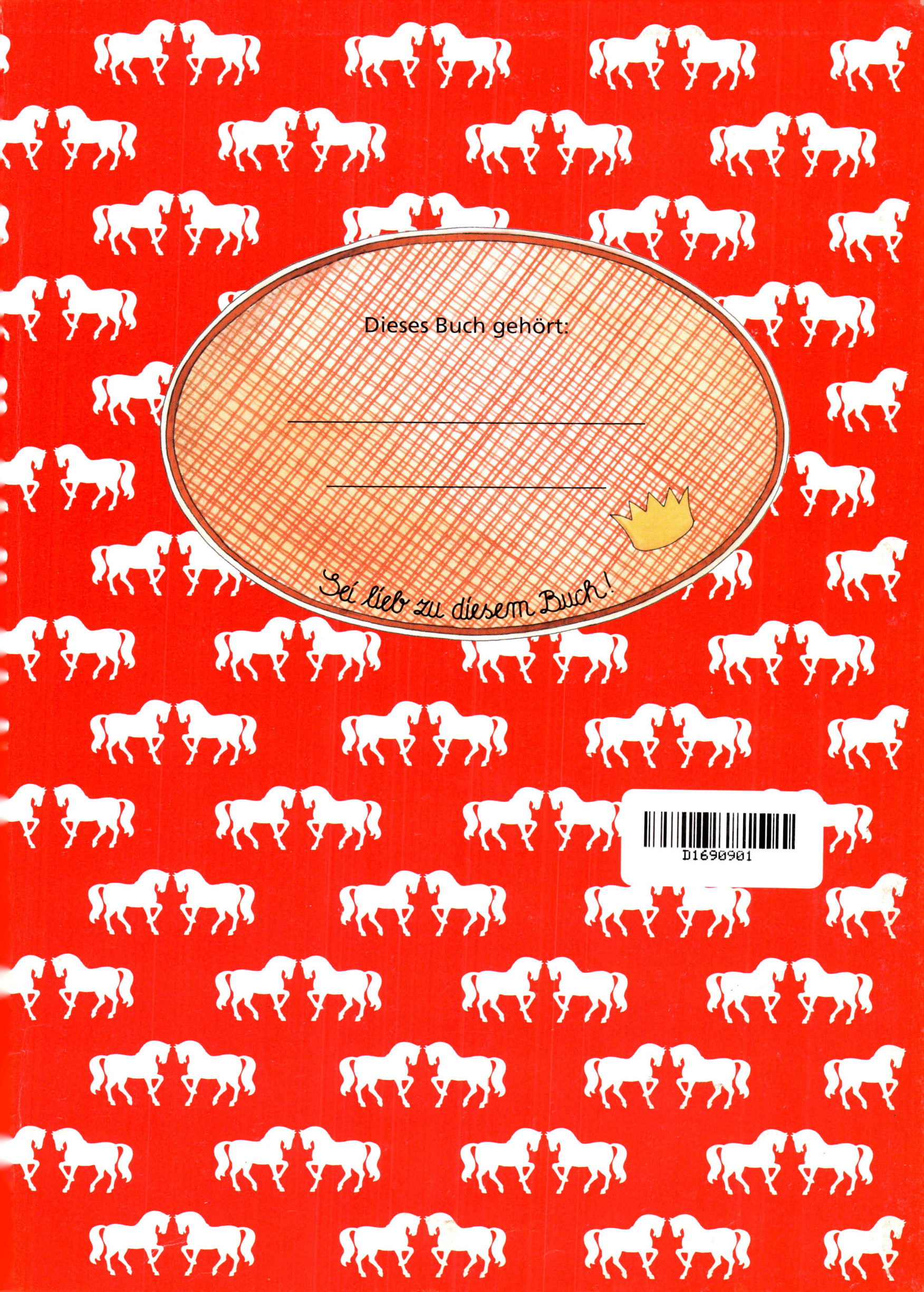

ISBN 3-88547-941-9

© 1979 / 1992
Coppenrath Verlag Münster
Alle Rechte vorbehalten, auch auszugsweise.
Printed in Hong Kong

Coppenrath hilft der Natur:
Dieses Buch wurde auf chlorfrei
gebleichtem Papier gedruckt.

Thea Roß

# Das große Buch für kleine Reiter

COPPENRATH VERLAG

Das ist Renate. Ich heiße Rudi.
Renate ist meine Freundin.
Renate ist ein Pony. Ponys sind kleine Pferde für kleine Leute.
Alle Kinder lieben Ponys. Ponys sind keine Kinder von großen Pferden. Alle Pferdekinder heißen Fohlen. Ihre Mütter heißen Stuten, der Vater ist der Hengst.
Renate ist eine Ponystute.

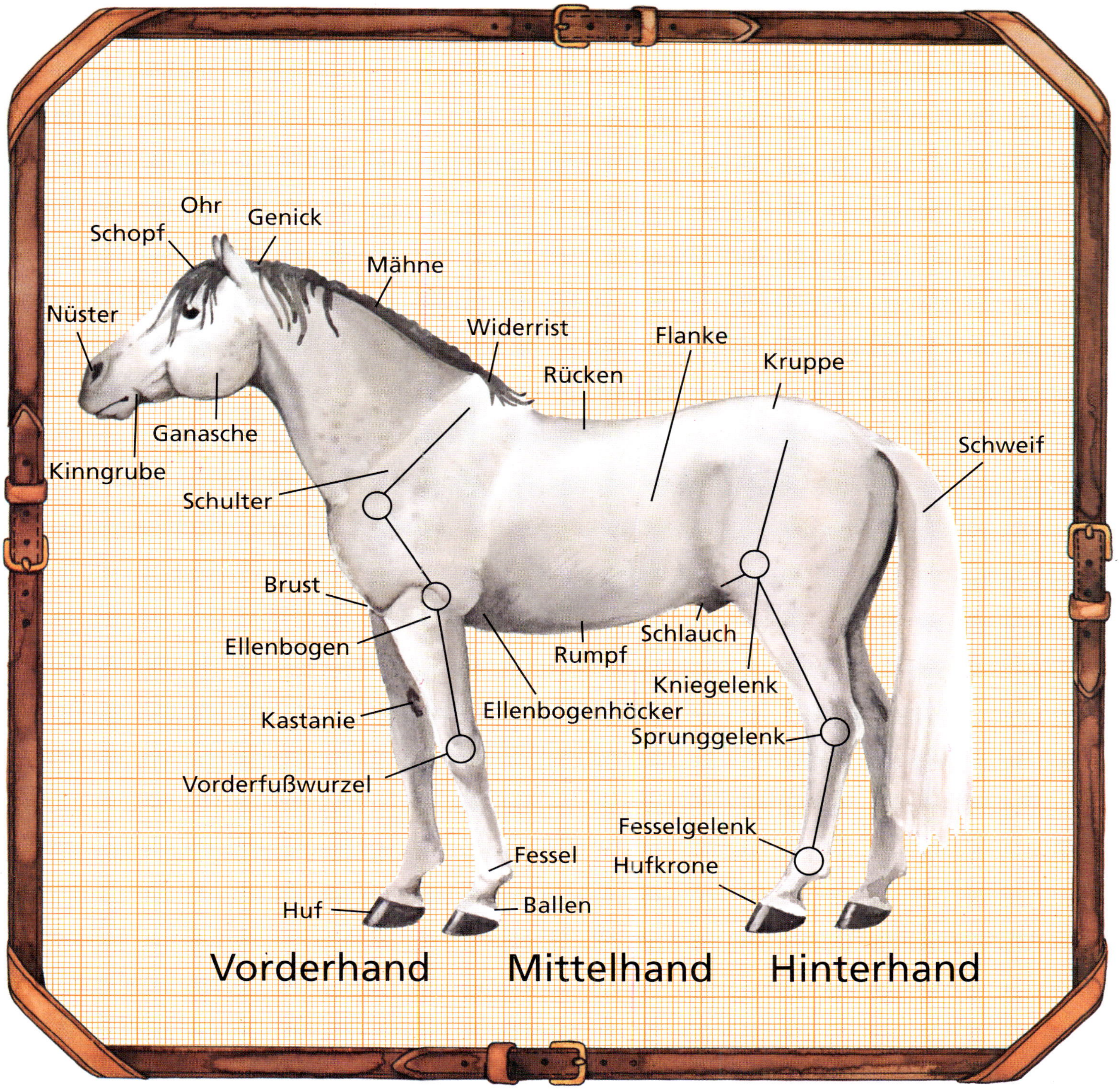

Schopf · Ohr · Genick · Mähne · Widerrist · Flanke · Kruppe
Nüster · Rücken · Schweif
Ganasche
Kinngrube
Schulter
Brust
Ellenbogen · Schlauch
Rumpf · Kniegelenk
Kastanie · Ellenbogenhöcker · Sprunggelenk
Vorderfußwurzel
Fesselgelenk
Fessel · Hufkrone
Huf · Ballen

**Vorderhand** **Mittelhand** **Hinterhand**

Bei Pferden hat alles einen besonderen Namen. Renate, komm wir zeigen mal unsere Hinterhand.

EOHIPPUS

Stellt Euch vor, das ist Renates Ur-Ur-Ur-Ur-Urgroßvater. Er hieß Eohippus und war nur so groß wie ein Hase.
Keine Angst Renate, das ist schon viele Millionen Jahre her, und es dauerte sehr lange, bis Pferde so waren, wie sie heute sind.

Alle Pferde waren wilde Tiere und lebten in großen Herden auf Steppen und in Wäldern.
Der Mensch zähmte die kräftigen Wildpferde und ließ sie seine Lasten schleppen. Er suchte sich die bravsten und stärksten Pferde dafür aus.
So wurden die Pferde zum Freund des Menschen.
Als das Rad erfunden war, gab es auch bald die ersten Karren. Pferde hatten's von da an leichter.
                    Renate, da ging's für euch bergauf.

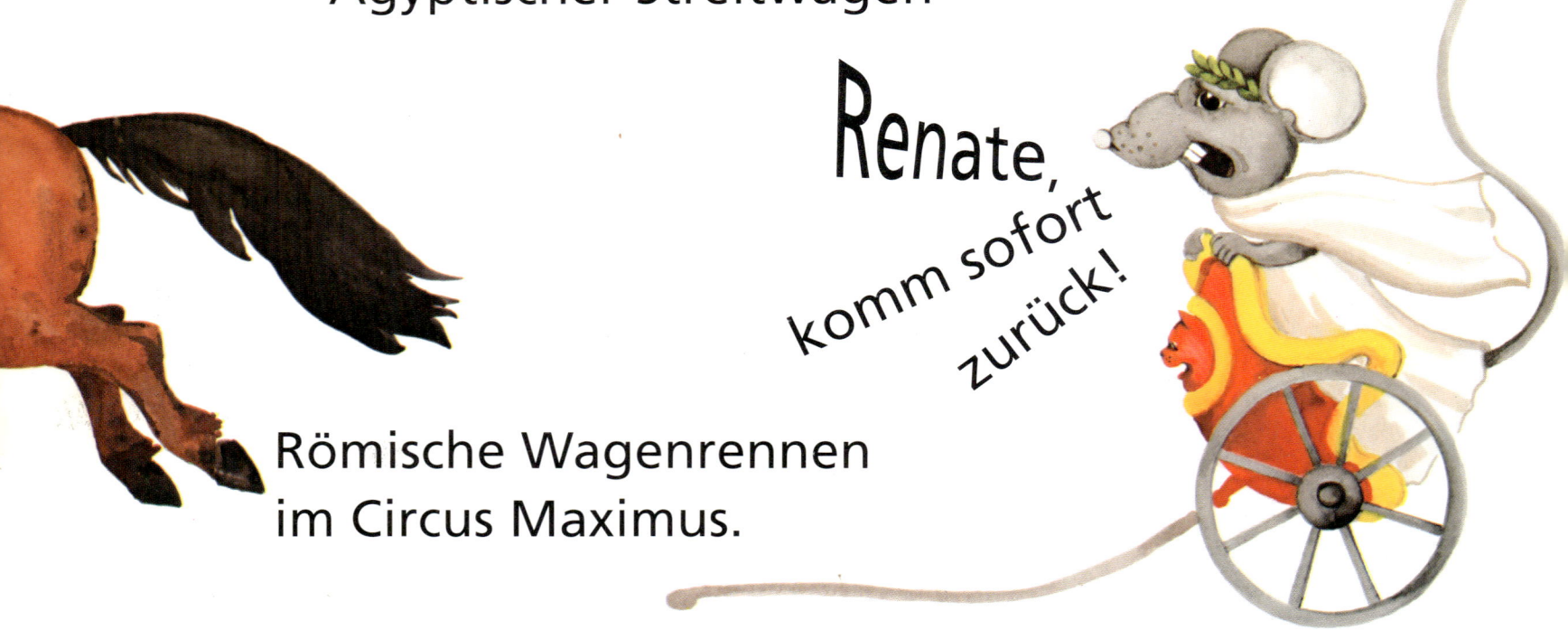

Ägyptischer Streitwagen

Römische Wagenrennen im Circus Maximus.

Renate, komm sofort zurück!

Indianer waren perfekte Reiter.
Früher zähmten sie die wilden
Mustangs für die
Büffeljagd.

juhu – oooh – juhu –
oooh – juhu – oooh –
alle Indianer zu mir!

Cowboys sind harte Burschen, die große Rinderherden über die Prärie treiben.

jippi jippi jääh
Rodeo-Renate!

Araber und Englisches Vollblut sind die edelsten Pferderassen.

Trakehner und Hannoveraner sind Warmblüter und ideale Reitpferde.

Lipizzaner, das berühmte
Pferd der Wiener Hofreitschule,
und der Haflinger,
das kleine, brave Arbeitspferd
aus den Alpen.

Der Belgier ist eines der
schwersten und größten
Zugpferde unter den Kaltblütern.

Palomino

Dülmener Wildpferd

Fjordpferd

Palomino, ein goldfarbenes, liebenswertes Kleinpferd aus Amerika, und das Dülmener Wildpferd, ein verwildertes Pony aus Westfalen.

Fjordpferde sind kleine, ausdauernde Arbeitspferde aus Skandinavien.

Ist das Fohlen nicht süß?

Shetland Pony

Exmoor Pony

Island Pony

„Shetty", eins von Renates Geschwistern. Shetland Ponys sind die kleinsten Pferde der Welt.

Exmoor Ponys sind die älteste englische Pferderasse, und den Island Ponys aus dem hohen Norden wächst im Winter ein dichtes Fell.

Langohrige Vettern der Pferdefamilie sind die geduldigen, klugen Hausesel aus südlichen Ländern.

Zebras sind die wilden Tigerpferde der afrikanischen Savanne.
Das Maultier mit dem Quastenschwanz hat einen Eselvater und eine Pferdemutter.

Der afrikanische Wildesel ist der Urahn aller Hausesel und der Onager ein scheuer, asiatischer Wildesel.

Wie findet ihr Renate im Safari-Look?

Brauner

Schimmel

Rappe

Fuchs

Apfelschimmel

Schecke

Isabell

Rotschimmel

Falbe

Pferde kann man am besten an ihrer Haarfarbe unterscheiden. Die Grundfarben seht ihr oben.

Renate, du hast kein

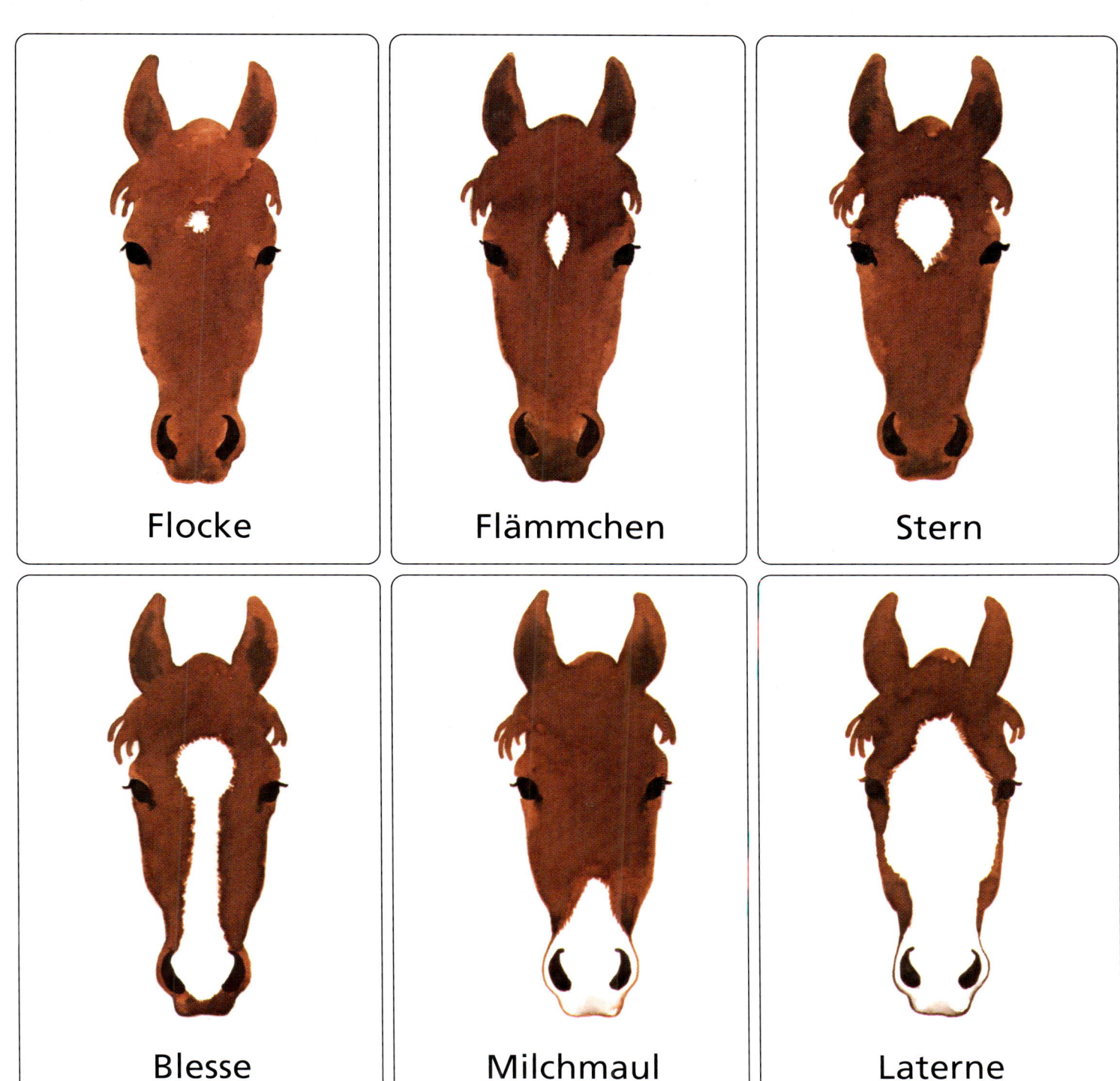

Außer diesen typischen Haarfärbungen gibt es noch viele andere Farbstufen. Am Kopf tragen die meisten Pferde von Geburt an unveränderliche Abzeichen, an denen ihr es immer wieder erkennen könnt. Abzeichen sind weiße Flecken im Fell, die auch häufig an den Beinen vorkommen.

einziges weißes Haar unterm Pony!

Schritt

Trab

Galopp

Wenn Pferde langsam laufen, gehen sie im „Schritt".
Soll's etwas schneller sein, traben sie.
Die schnellste Gangart
heißt Galopp.

Renate, sticht di…

Ponys leben gerne im offenen, windgeschützten Stall auf der Weide. Mit sauberem Stroh am Boden, Heu in der Raufe und frischem Wasser in der Tränke fühlen sie sich wohl. Zur Belohnung gibt's Möhren und Äpfel und ab und zu ein bißchen Hafer.

Pferde sind Herdentiere.
Das klügste und stärkste Tier
führt die Herde an.

Diese zwei kämpfen
um den besten
Platz in der Gruppe.

Spitzt das Pferd die Ohren, ist es aufmerksam und freundlich gelaunt. Je mehr es die Ohren nach hinten anlegt, um so ärgerlicher ist es.

Geh' immer von vorn an ein Pferd heran und sprich freundlich mit ihm.

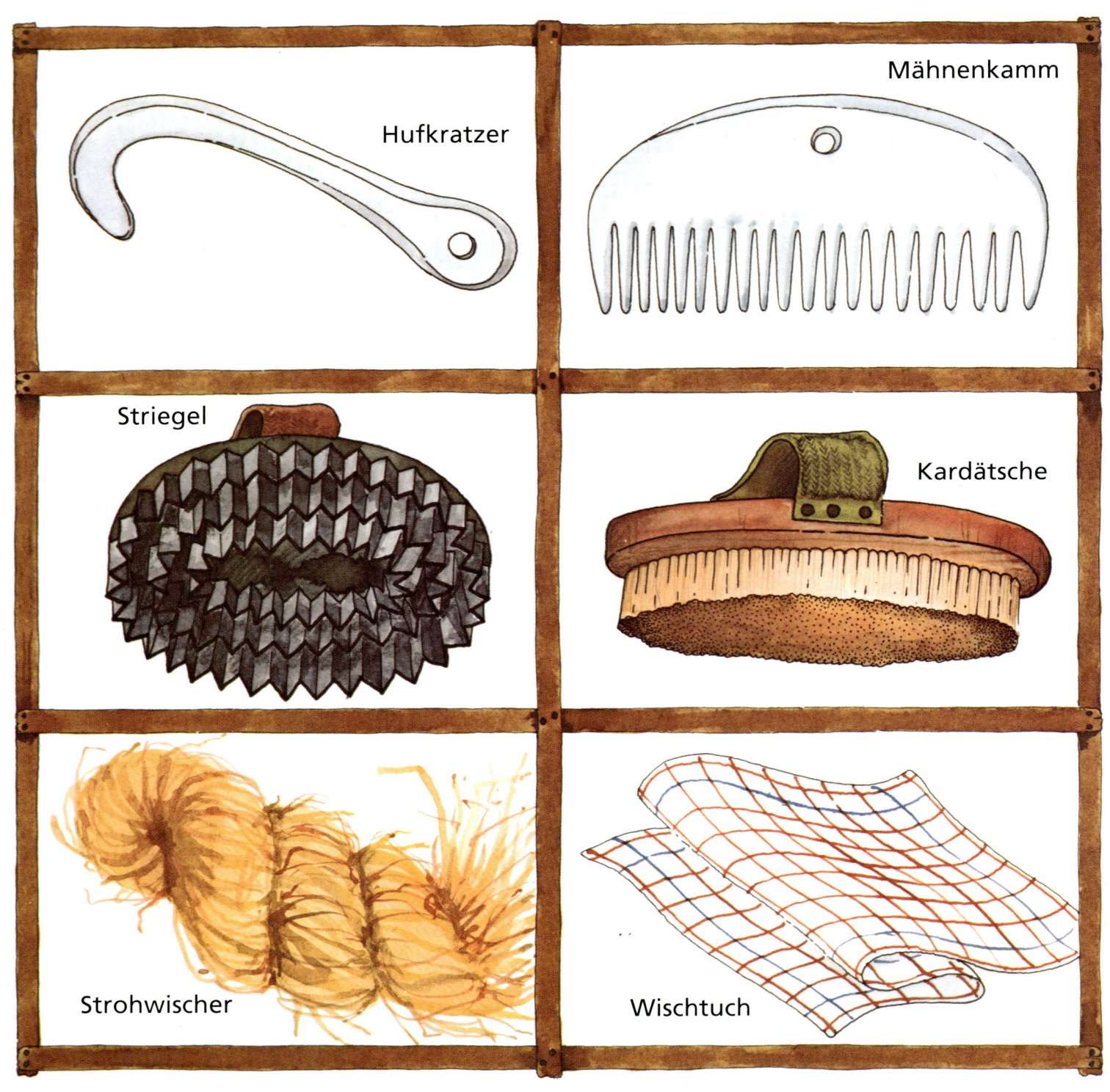

Dies ist das Putzzeug, das man zur regelmäßigen
Pflege eines Ponys zur Hand haben muß.
Schon beim Putzen kann man Freundschaft schließen.

Pferde haben Putzen gern.

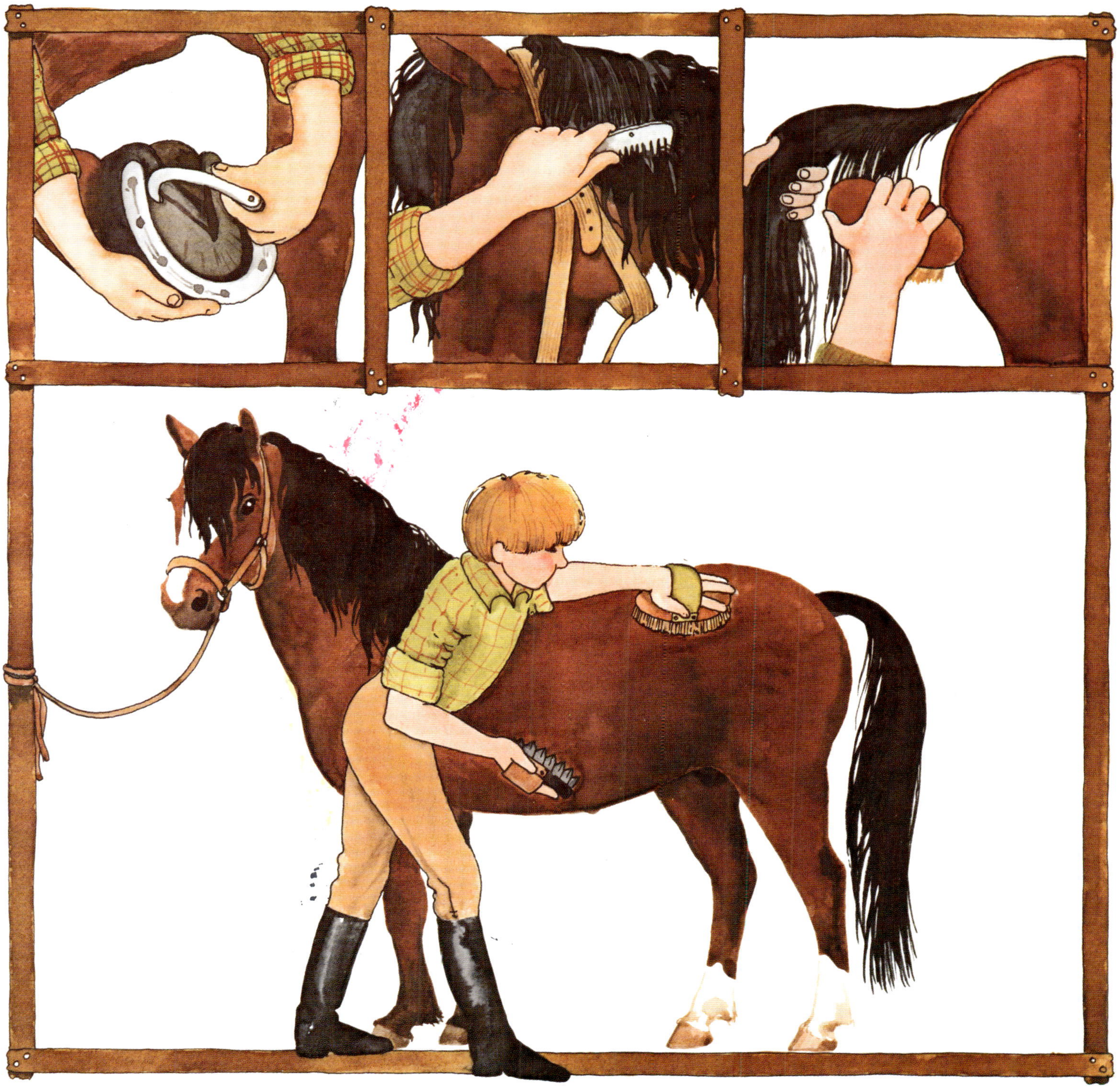

Halt still,
Renate!

Aus dir
mach' ich
das schönste Pony
der Welt.

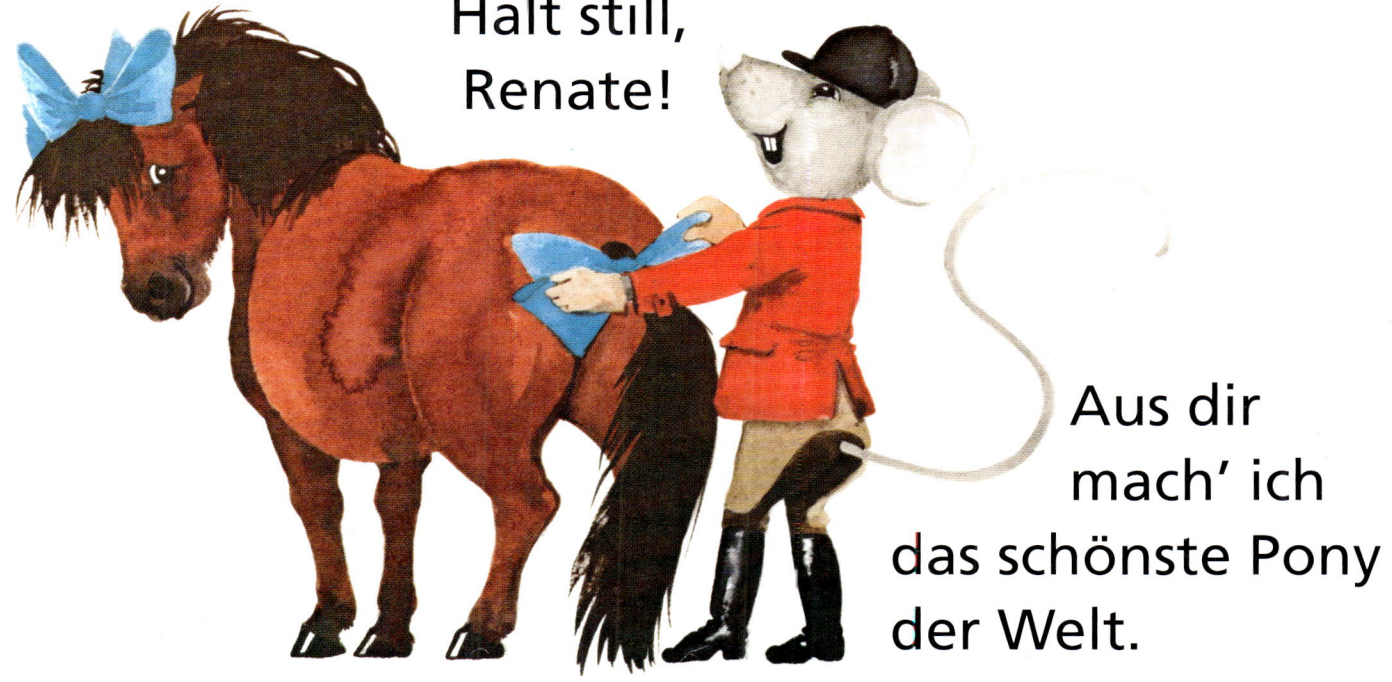

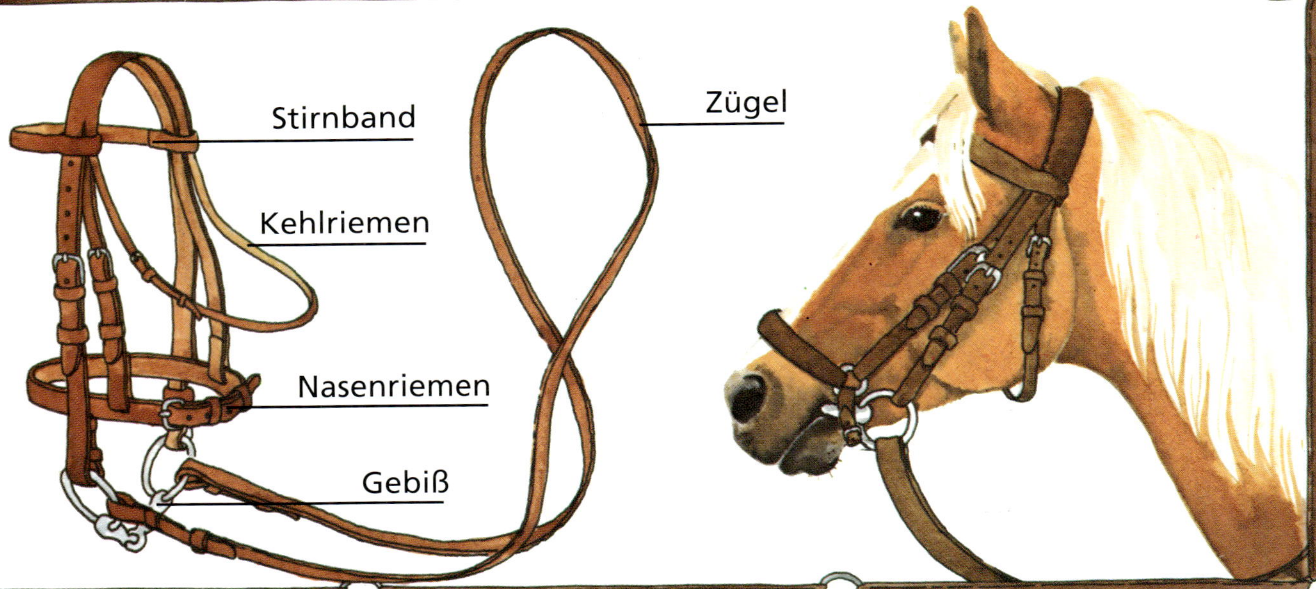

- Stirnband
- Zügel
- Kehlriemen
- Nasenriemen
- Gebiß

Streife den Zügel von links über den Kopf

Halte den oberen Teil des Zaumzeuges in der rechten Hand und schiebe das Mundstück zwischen die Zähne.

Ziehe die Ohren sanft durch das Kopfstück und prüfe, ob alle Riemen richtig sitzen.

# Zaumzeug

# Sattel

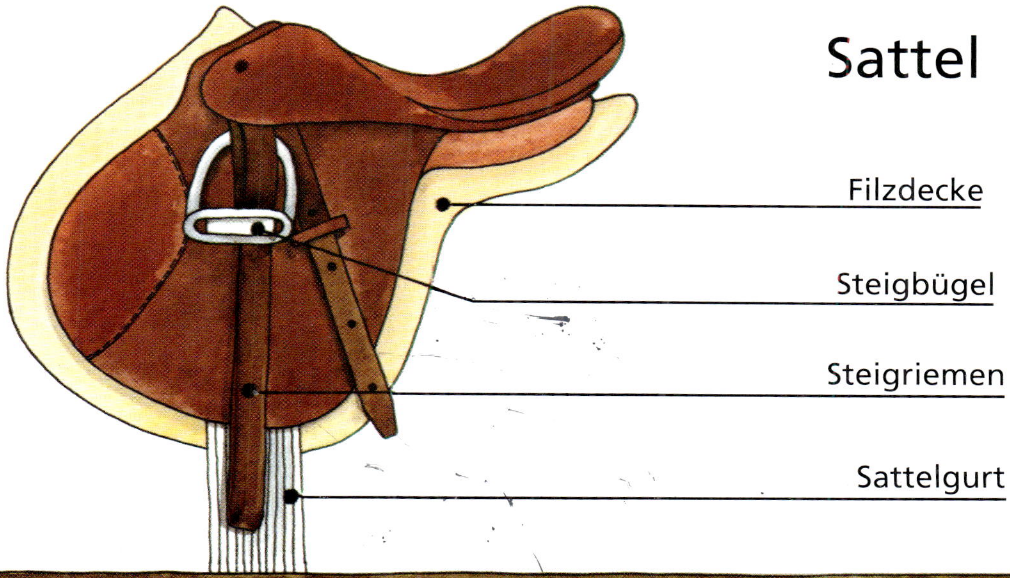

Filzdecke

Steigbügel

Steigriemen

Sattelgurt

Dieses Pony ist vorbildich gesattelt und aufgezäumt.

Wir auch!

Aufsitzen

So kommt man rauf

Absitzen
Auf- und Absitzen geschieht immer auf der linken Seite des Pferdes!

 ... und so wieder runter.

Reitenlernen in der Reitschule beginnt an einer langen Leine, der Longe.
Der Reitlehrer erklärt, wie man im Sattel sitzt, wie man die Zügel hält und auf die Bewegungen des Pferdes eingeht.

Voltigieren nennt man die gymnastischen Übungen auf dem Pferderücken.

Jetzt noch das dritte Bein hoch, Renate!

Springreiten

Rick

Das Reitturnier ist ein Wettbewerb für Reiter und Pferd. Die Pferde gehen über einen Parcours mit verschiedenen Hindernissen. Es gibt Fehlerpunkte, wenn das Hindernis nicht gleich übersprungen (Verweigerung) oder gerissen wird (Abwurf). Der Reiter, der die wenigsten Fehler macht und die kürzeste Zeit hat, ist der Sieger des Turniers.

Oxer

Gatter

Mauer

Wassergraben

Wichtige Hindernisse

Das schaffst du nie, Renate!

Dressurreiten ist eine Gehorsamsprüfung, bei der Pferd und Reiter völlig übereinstimmen müssen

Zwiebeln sind Nervennahrung

„Vielseitigkeitsprüfung", oder wie man früher sagte „Military", nennt man eine Prüfung aus Dressur, Springen und Geländeritt. Die Pferde brauchen Geschicklichkeit, Ausdauer, Springvermögen und gute Nerven. Sieger ist, wer nach allen drei Disziplinen die wenigsten Strafpunkte hat.

reine Renate!

Trabrennen

Galopprennen

Rennpferde sind fast immer englische Vollblüter. Beim Trabrennen zieht das Pferd den Fahrer im Sulky, während beim Galopprennen das Pferd den Jockey auf dem Rücken ins Ziel trägt. Jeder Jockey reitet in den Farben seines Rennstalls.

Gespann

Heute fahren wir im Auto. Früher fuhr man mit der Pferdekutsche. Um ein Gespann zu sehen, muß man heute ein Fahrturnier besuchen.

Renate, der Wagen bricht!

Reiterspiele können riesigen Spaß bereiten. Ponys und Kinder zeigen Geschicklichkeit und blitzschnelles Reagieren. Ringstechen ist gar nicht so einfach, wie es vielleicht aussieht!

Lach nicht, Renate!

Auf einem Reiter- oder Ponyhof könnt ihr erste Bekanntschaft mit einem Pferd bei einem Spazierritt machen. Es werden dort Reiterferien angeboten, wo ihr „euer" Pony nicht nur reiten, sondern auch versorgen dürft.

Holstein

Oldenburg

Hannover

Westfalen

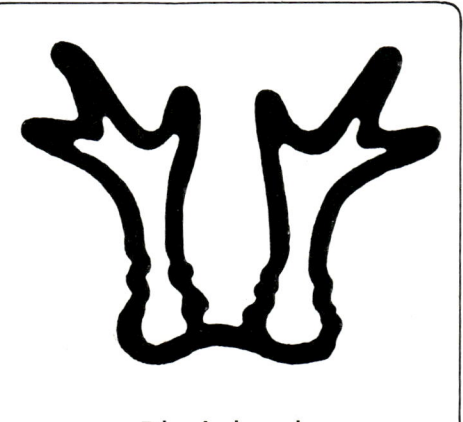
Rheinland

Hessen

Pfalz-Saar

Baden-Württemberg

Bayern

Brandzeichen deutscher Pferdezucht

Trakehner

Hufe wachsen wie Fingernägel.
Deshalb kommt der Hufschmied etwa alle 3 Monate.
Er schneidet die Hufe zurecht.
Laufen Pferde viel auf hartem Boden oder auf
Asphalt, brauchen sie Hufeisen.
Die müssen dann alle 2-3 Monate
durch den Hufschmied erneuert werden.

Male dein Lieblingspferd bunt.

Dieses Buch soll euch helfen,
Pferde besser zu verstehen. Es will euch zeigen,
wo Pferde herkommen, wie Pferde zum Freund
des Menschen wurden
und was Pferde alles leisten können.
Es soll euch informieren, wenn ihr selbst einmal
mit einem Pferd Freundschaft schließt.
Reiter behaupten voller Begeisterung:
„Das größte Glück der Erde
liegt auf dem Rücken der Pferde."
Ein Stückchen vom Glück bringt ein gefundenes
Hufeisen seinem Finder.

Damit das Glück euch nie verläßt,
nagelt es an euren Lieblingsplatz.